문학과지성 시인선 256

아껴 먹는 슬픔

유종인 시집

문학과지성사에서 펴낸 유종인의 시집

교우록(2005)
사랑이라는 재촉들(2011)

문학과지성 시인선 256
아껴 먹는 슬픔

초판 1쇄 발행 2001년 11월 5일
초판 3쇄 발행 2017년 7월 7일

지 은 이 유종인
펴 낸 이 우찬제 이광호
펴 낸 곳 ㈜문학과지성사

등록번호 제1993-000098호
주   소 04034 서울 마포구 잔다리로 7길 18(서교동 377-20)
전   화 02)338-7224
팩   스 02)323-4180(편집)   02)338-7221(영업)
전자우편 moonji@moonji.com
홈페이지 www.moonji.com

ⓒ 유종인, 2001. Printed in Seoul, Korea

ISBN 89-320-1291-1 02810

이 책의 판권은 지은이와 ㈜문학과지성사에 있습니다.
양측의 서면 동의 없는 무단 전재 및 복제를 금합니다.

문학과지성 시인선 256
아껴 먹는 슬픔
유종인

2001

시인의 말

場을 보려고 왔는데 벌써 罷場은커녕 어제가 장날이었다. 이제 기다림이 더 아득하고 근사해졌다.
당신께, 나는 그저 목마름이다. 이 최대의 인사 때문에 여러 날 없는 장날에도 나는 가거나 가지 않았다.
生前에서 死後로 밀린 당신에의 헌사가 이미 세상으로 넘어가고 있음을 본다.

2001년 늦가을 인천에서
유종인

아껴 먹는 슬픔
차례

▨ 시인의 말

무밭을 지나며 / 9
발작 / 10
팝콘 / 12
部位 / 13
옹이 / 14
잠꼬대 / 16
부추 꽃을 보다 / 18
보청기 / 19
선풍기 / 20
부려먹을 뱀이 없다 1 / 22
부려먹을 뱀이 없다 2 / 24
아껴 먹는 슬픔 / 26
狂人日記 1 / 28
狂人日記 2 / 30
시궁쥐와 해바라기 / 32
그 여름의 삽화 / 34
狂人日記 3 / 37
淸凉里에서 / 40
꽃과 사마귀 / 42
엎질러진 물 / 44

狂人日記 4 / 46
狂人日記 5 / 48
狂人日記 6 / 51
가을 하늘 / 52
大便佛 / 53
사다리가 있는 풍경 / 54
사마귀와 놀다 / 56
殘雪 / 58
수박 / 59
처마 밑에서 / 60
너무 늦은 가을 / 62
浦口로 가는 저녁 버스 / 64
건널목 / 66
축농증 / 68
手淫 / 70
조롱박을 타다 / 71
手動式 / 72
풀뱀 / 73
베개 / 74
조롱박 / 75
개복숭아나무 / 76
고명 / 78
비 오는 감옥 / 80
洪吉童과 九雲夢 / 82
뭍에 오른 거룻배 / 85
화문석 / 86

다락이 있는 집 / 88
風景 속의 入口 / 90
尋牛圖, 그 여름과 함께 보다 / 92
저녁의 제비 / 94
비 온 뒤 / 96
정신 병원으로부터 온 편지 / 98
계단 위에 죽어 있는 쥐 / 100
들판의 개 / 102
흐린 날 / 103
누룽지 / 104
숨은 빛 / 106
새벽시장에서 / 108
수도꼭지 / 110
다시, 봄날은 간다 / 112

▨ 해설 · 구토와 광기의 언어 · 홍용희 / 114

무밭을 지나며

저 시퍼런 무밭을 지나면
내 안에
칼 한 자루 가지고 싶어진다

발작

누워 있는 몸,
천장엔 흐릿한 꽃밭
납작하게 눌려 있다

꽃밭을 일으켜 세우고
꽃밭가에서
미친 여자의 곱게 타는 눈
불을 바라보고 있겠다

일 밀리미터도 자라나지 않은
거꾸로 박힌 꽃밭을 위해
가만히 팔이 들린다

들린 팔에 달린 손,
손가락들, 파르르 떨린다
뒤틀리듯 춤춘다

누워 있는 박수무당, 나는
겨울 꽃밭에 누워 있겠다

내 한끝을 달려가고 있는 당신!

팝콘

손으로 집어먹을 수 있는 꽃,
꽃은 열매 속에도 있다

단단한 씨앗들
뜨거움을 벗어버리려고
속을 밖으로
뒤집어쓰고 있다

내 마음 진창이라 캄캄했을 때
창문 깨고 투신하듯
내 맘을 네 속으로 까뒤집어 보인 때
꽃이다

뜨거움을 감출 수 없는 곳에서
나는 속을 뒤집었다, 밖이
안으로 들어왔다, 안은
밖으로 쏟아져나왔다 꽃은
견딜 수 없는 嘔吐다

나는 꽃을 집어먹었다

部位

밤 벌레에 물린 팔뚝을
손으로 문질렀다

벌겋게 도드라진 곳을
혀로 가만히 핥았다

어쩌면, 나도 내가 끔찍이 싫은 뱀인지 모른다
그저 허물이나 벗는

혀로 핥은 부위는
아무 맛도 없다

상처는 이미 깊은 맛을 본 곳이다
맛을 보고
그 맛에 죽은 기억이다

문밖에서 아무리 두드려도
들을 수 없는 상처,
더 큰 상처로 열어야만
그 처음을 맛볼 수 있다

옹이

벽지는 나무 속을 흉내내고 있다
통나무를 세로로 켠 나무의 내장을
빈틈없이 드러내 보여준다

결과 결이 엇갈려
삼각파도처럼 일어서는 꼭지점엔
바람의 속이 들어 있다

결과 없는 生이란
때로 완벽한 적멸에 이른 것인가
거스르지 못한 자들이
숨결과 함께 순결을 물어보고 있다

외따로 맺혀보지 못한 결들도
제 딴엔 맴돌며 다른 가지로 나가는 길을
옹이로 눈뜨고 있다

제 눈을 가지고 제 길을 살피려는
둥근 결들의 나이테, 군데군데의 늪처럼
제자리서 썩어가는 눈을 외곬이라 불러도,

결대로 쳐내지 못한 打者의 공들은
자꾸 뒤로뒤로 과거의 백-넷을 친다

언젠가 오래된 나무판자로 지은 변소에 앉아
옹이 구멍으로 뚫린 밖에
노란 애기똥풀꽃이 피어난 걸 본 적 있다
옹이로 맺힌 씨앗이 더 이상 길을 다물고
한 해를 더 건너기 위해 땅에 떨어진 걸 보았다

잠꼬대

아이를 데려와서
그대는 나와 만나고 있다
아이는 놀고 있다
놀다, 잠들어버리려 한다

그대가 맺은 열매, 아이는
침을 흘리며 웃고 있다
잠은 매일매일 파먹는 과일, 나이 들면
그 과일 써서 못 먹어요 과일나무를 피해
먼 곳을 다녀오다, 돌아가신 아버지의
잠꼬대

그 잠꼬대 속에 젊었던 여자, 어머니를
나 아이처럼 기다리기도 했네
무덤이 뚜껑을 가진 열매라고 여겼듯이

지금, 아이가 잠 깰 동안만 그대는 머물러줘요!
꿈 밖으로 내민 손 잡아줘
그대가 눈뜨고 여기 또 다른 생을
눈감아줘요

아이의 잠을 업고 가는 그대, 門이
열리고 있다 아이는
그대의 먼 얼굴빛으로 조금 칭얼거리고 있다

꿈속에서 이별을 하나 보다
꿈속에서 눈먼 사랑을 하나 보다
그 짧은 세상의 신음 소리에
햇살이 내리쬐고 있다

부추 꽃을 보다

환멸을 가장할 필요는 없다
生은 또 다른 곳을 풍경처럼 바라보고 있었지만
허공을 헤엄쳐오는 물고기는 아니었다 고요히
한낮이 흐르듯 타들어가는 오후에
나 홀로 집에 있다는 것이 작은 운명처럼 보였다
현관을 나서면 작은 마당이
온갖 잡초들과 나무들 기다리고 있었다는 듯이 보여 준다
맨 마음으로 보면 언제나처럼 오줌이 마렵다
사철나무 울타리로 걸어가 아랫도리를 까면
푸른 혀를 가진 사철나무 잎사귀가 문득 푸른 눈구멍으로 보인다
그 눈빛은 내 등 뒤에 피어난 몇 포기 부추 흰 꽃에 맞춰진다
언제 따로 씨를 뿌린 것도 아닌데 매년 이맘때쯤이면
가는 줄기에서 흰 꽃들이 피어나고 그 꽃대 근처엔
환멸을 모르는 벌과 나비가 드물게 앉곤 한다
그 자리에 나는 가끔 발길이 멈춰지곤 한다

보청기

귀가 먹어가고 있다

먹지 않고도
살아서 들어야 한다

아득하다, 살아 있는 소리들을
물까치처럼 물어 올려야 한다

귀로만 듣던 죽음을
이제 온몸의 귀로 들어야 할 때
幻聽은 끝난 것이다
먹통인 세상의 수화기조차 타박할 수 없다

귀를 막고 들어야 하는 소리가 있다
귀를 막아도 들리는 소리가 있다

귓속에 작은 가슴이 숨쉬고 있다

선풍기

다치지 않을 만큼 철망을 씌우고
그는 감옥에서 쳇바퀴를 돌고 있다

보이잖는 푸른 불꽃을 먹고
제가 생각하는 꽃으로 달려가고 있다

달려가도 달려가도 제자리인 곳,
그는 끝내 뜨거운 한숨을 토하고 있다

멍들지 않는 바람을 만드는
그의 등 뒤엔 무섭도록 고요한 공기가
그를 다스리고 있다

내가 진 온몸의 더위로 그의 감옥을 껴안아줄 때
내 얼굴의 땀 한 방울이
그의 쳇바퀴 속으로 떨어졌다

평생을 털어내도 몸에 쌓이는 먼지들,
겨울에도 그 먼지는
반투명 비닐 덮개에 곱게 싸여서

늦봄에 깨어나곤 하였다

부려먹을 뱀이 없다 1

긴 낮잠 끝에 깨어났습니다, 뒷목이 뻐근해
벌써 고혈압이 왔는가 가을이 먼저
늦여름의 잔등 위에 수많은 잠자리떼를 띄웁니다
사랑하는 하느님, 애인을 팔아 어머니를 사오고 싶습니다!
분명한 죄로 벌받고 싶어 투명한 죽음에
발목 서늘히 담고, 시냇물은 흘러갑니다
이 가을, 사랑의 낙엽 뒷면엔
굵은 뿌리 같은 葉脈들이 잎사귀의 신경이 되어
세상을 들었다는 걸, 듣다 져간다는 걸
저는 바보였습니다 멍텅구리 같은 울음
어머니 이젠 돌아갈 곳이 죽음밖에 없습니다
죽음도 이젠 쓸쓸해서 더 이상 귀 기울여지지 않습니다
묻어도 묻어도 자꾸 살아 돌아와
내가 누구냐고 묻습니다 무슨 말로 된 삽과 기억의 흙을 퍼
다시 날 묻어야 할까요 어머니!

하느님
이젠 내가 한 그루 걸어다니는 사과나무가 되어

부려먹을 뱀에게 갑니다
사과를 먹겠느냐고, 유혹을 가르치고 싶었습니다
세상이 魅惑으로 변할 때까지
사과를 통째로 삼킨 뱀이
내가 쓰고 다닐 밀짚모자가 될 때까지

부려먹을 뱀이 없다 2

옆집 여자가 저녁이면 마당가로 나온다
땅 구덩이에 쓰레기를 붓고 불을 지핀다
측백나무를 타고 오른 능소화 꽃 몇 개가 떨어져 불타기도 한다
타는 연기는, 누군가의 콧속으로 들어간다
그 속엔 죽은 시궁쥐의 타는 냄새도 배어 있다
다시 불러낼 수도 없다 죽은 것들이 살아남은 것들을 배회하는
나의 오래된 집 둘레, 개들은
쥐 죽은 듯이 조용하다 뭐엔가 비틀려 있는
저녁의 잎사귀들

어떤 것도 버릴 수 없다 어떤 것도 밟을 수 없다
별빛은 별빛, 구름은 밤구름
밤비행기는 불빛을 깜박이며 사라져간다
순간 걱정거리가 없어지고 그것만으로 걱정스러웠다
풀벌레들이 운다 누구나 소리 없이 운다
눈물을 닦을 땐 이미 다른 걸 울 준비가 돼 있었다
별들, 무슨 罪로 저토록 빛나야 하는지 밤이 지킨다
낮엔 죄를 깜박거리지 말고 잠이나 원 없이 자두렴!

무덤에서 아직 돌아오지 않으신 어머니, 풀벌레들이
　아직 집 뒤곁 풀숲에서 울고 있습니다 악령 같은 아들은
　당신을 살살 들볶고 싶습니다 어디선가
　담벼락의 그림자 하나가 거꾸러집니다
　가을 문턱, 옥수수밭이 휘어진 칼들을 흔들고 있습니다

아껴 먹는 슬픔

재래식 화장실 갈 때마다
짧게 뜯어가던 두루마리 화장지들
내 밑바닥 죄를 닦던 낡은 성경책이 아닐까
떠올린 적이 있다

말씀이 지워진 부드럽고 하얀 성경책 화장지!
畏敬의 문밖에서 누군가 나를
노크할 때마다 나는
아직 罪를 배설 중입니다 다시
문을 두드려주곤 하였다

바닥난 화장지, 어느 날 변기에 앉아
내 죄가 바닥나버린 허탈에 설사라도 나는
기분에 울먹인 적이 있다

그러나, 천천히 울어야지
저 문밖의 가을, 깃동잠자리 날개 무늬를 살필 수 있게
천천히 아주 천천히……

머리에 토란잎을 쓰고 가는 아이처럼

슬픔에 비 맞아 가는 것도
다 구경인 세상이듯이

때론 맨발에 질퍽이는 하늘을 적시며

狂人日記 1
──흰 뱀을 찾아서

나도 큰 뱀이 되겠다는 것이다
마음에 기생충 가득한 미친 누이를 위해
온몸에 비늘이 돋고 팔다리 사라져버리면
누이를 꽁꽁 똬리 틀어 말려 죽이겠다는 것이다

어머니 머리채 그만 잡아 흔들어
이젠, 무덤 풀조차 쥐어뜯는 누이야
무덤에 개피떡을 꾹꾹 박아 넣는 누이야
하느님 속을 가장 깊이 떠본 누이여
다리도 없는데 날개는 언제 달아?
 만들면 뭘 해, 밀랍은 벌써 이쪽 햇살에 귀가 녹고 있는데
 쥐눈처럼 아무리 훔쳐봐도 길이 없는데 어떡해 새꺄!
 수녀원에 뭣 하러 갔어? 하느님을 꼬시려고 하느님을 姦淫해보려고?
 울지 마, 눈에 가시 촛불을 켜고 날 개처럼 그슬리려고?
 ……이제, 나만 남았어, 누이야 너만 남아 흰 머리카락 기른다고
 증오가 아직도 널 버팅기고 있다고?

끝나지 않은 게 뭐가 있겠어. 그걸 지겹게 보는 거지.
 서로 때 묻었으면서, 서로 때가 탔으면서 그냥 지켜볼 수 없었으면서
 헛물만 켰어, 혈육이란 거, 헛물만 켰어, 허물도 못 벗고
 누이야, 뱀띠 어머닌 무덤에서도 뱀띠는 아니지
 뒤통수 때렸던, 어머니 무덤에 개피떡을 꾹꾹, 눌러 넣는 누이야
 황혼녘, 저녁 바람에 무덤 풀 가만히 띄워 보내는 邪戀아
 누가 널 지켜보겠다고 저기 초저녁 별들이 뜬다
 침을 탁탁 뱉으며 별들이 사팔뜨기로 뜬다 누이야
 누가 널 발 아래 짓이기면서 네 돋으려는 날개뼈 바스러뜨리면서
 하루하루 病으로 은총 받는 누이야
 찬 이슬 풀잎마다 맺히면 어서어서 어머니 무덤에라도
 겨울 구멍을 파놓는 누이야 거기 기어가 마지막 꽃을 게우는 누이야
 온몸, 하얗게 이승을 까뒤집어 쓰고 있는 누이야

狂人日記 2
──어느 폐인의 가을

창녀 대신 아내를 샀다

訃音조차 없는 이 가을, 내 목숨에 이미
弔意만 표하고 싶어, 재래 시장을
어슬렁거렸다

저 머리부터 잘려나가는 생선들, 生物엔
아직 생피가 담겨 있을 거야!

녹슨 부엌칼 하나 없이 가슴엔
둥글게 칼자국 파인 도마가 놓여 있다

어디로 어디로 날 버리러 가야 하나
위로하며 죽을 수 있을 때까지
가슴에 걸린 흑칠판 위로
비바람이 버드나무 잎새로 휘몰아 쓴 글씨,
근처 연못 거울에 비춰보고 있는 사내!

아, 이제 見性한 개를 데리고
가을 강에 가보아야지

천년 전의 내 주검이 아직 썩지 않고 떠내려왔다
그걸 건져, 개에게 주었다
그러자, 개가 달려들어 내 혀를 꽉 깨물었다

죽음으로도 감옥은 버릴 수 없다
저녁 하늘, 看守 같은 구름이 불타 흐른다

시궁쥐와 해바라기

깨진 하수도관 밖으로 나온 시궁쥐,
눈이 부시다 어둠이
얼마나 깊은 빛을 품게 했는지
눈물이 다 핑 돈다

해바라기는 까맣게 탄 가슴 얼굴로
시궁창이 뭐냐고, 도대체
굴욕이 뭐였냐고
쥐를 내려다보고 있다

열심히 해바라기 줄기를 타고 오른다
그 넓은 잎사귀를 뒤적거리다
해바라기 까만 얼굴에 악착같이 달라붙어
후벼 파고 있다. 검은 씨앗 속의 여름을
그해의 기억을 파먹는 시궁쥐, 해바라기는
바람도 없이 심하게 흔들린다

굴욕은 어디에나 달라붙는다. 해는
가장 높은 곳에서 바닥을 내닫고 있다
해의 여자가 된 해바라기는

빛의 私生兒가 잠든
해바라기 얼굴에 곁씨로 슬려 있다

시궁쥐는 씨앗 속의 잠을 파먹고 있다
씨앗 껍질이 한 됫박쯤
땅에 쌓였을 때, 시궁쥐는 툭 하고
땅에 떨어진다

얼굴이 파먹힌 해바라기, 실성한 노인처럼
배부른 시궁쥐를 내려다보고 있다

굴욕이 뭐냐고?
기억마저 없다는 것, 욕보지도 못했다는 것!
굴욕은 잃어버린 것마저 모르는 일이다

시궁쥐가 되돌아간 시궁창에서 김이 피어오르고 있다

그 여름의 삽화
―마리아와 여인숙

어머니는 가위를 오래 들고 계셨다 아버지의 사진이
열심히 오려지고 있었다 흑백의 청춘들,
먼지의 하숙생들이 사는 倭式 사택은
밤마다 울음의 거대한 창고, 사람의 살 냄새 그리운 유령들
밤고양이 등을 타고 내려온다는 나무 계단은
폐허의 입구에서 윤이 나고 있을 뿐 어머닌
무수한 가위질로 젊음을 잘라냈다

前妻를 알 수 없는 세월, 나는 그 중의 한 아이
다리 밑에서 그러나 사타구니 밑에서 결국 우연 밑에서
태어났다 어머니 오래도록 가위를 들고 계신다
오려지는 증오, 오려나가는 환멸, 창녀의 딸이
나와 놀기를 원했을까 이웃집 장교의 딸년이
물질의 저 낯선 얼굴로 나를 부를 때, 나는 버렸다
이미 떠났던 것을 다시 불렀다

뿌리가 드러난 오래된 소나무들 먼지의 여인숙을 폐허를

환난으로 감쌌다. 아버지 낯선 길로 나를 몰았다 나는
유치원에 다니는 아이, 유치한 아이들 어른은
너무 굳었다 자랄 대로만 자란 아이들, 어른은
아버지로 충분했다 그래서 바람이 바람을 피우는 집,
어머니 수시로 하느님에게 날아갔다 통곡하는 침묵을
밤마다 눈에 담았다 가위로 촛불을 잘랐으나 촛불은
가위를 검게 그슬렸다 마리아, 동정녀 마리아 어머니
아무것도 배지 않는 저 젖소들은 모두 동정녀 아니아니
창녀 같은 것, 受胎告知의 날들을 기다렸다

비가 오고 오래된 집은 검버섯이 늙은 청춘이
　늘어갔다, 누이들은 정신과 환멸의 몸을 팔러 학교로 도시로
　정신 병원으로 가고, 나는 강간당한 마리아, 어머니와 함께
　개떡을 만들어 먹었다, 텅 빈 축사 한 켠을 거느린
　이 왜식 사택은 먼지의 寵兒들로 북적거렸다 떠난
　不姙의 소들이 내내 영원의 풀잎을 찾아 눈발 속으로
　끝나지 않는 童貞의, 그러나 저 저녁 불빛에 검붉게 드러난

식육의 땅, 푸줏간마다 어머니의 순결이 은빛 갈고리에 걸려 있었다

狂人日記 3
―옷 혹은 틀니

오랜만에 밑살 빠지려는 다락에 올랐다
어머니 돌아가시다 바로 가버리신 뒤
깃동잠자리 날개 같은 처녀 적 푸른 치마
저고리가 내 아랫도리를 두르고 내 팔뚝에 꿰진다
몇 번을 입었기에 이리도 옛날이 고운가!
그만큼 버려졌겠지, 곱게 묻혔겠지
살 내음보다 옷 내음이 저 혼자 세월 겨른 어머니 푸른 날개옷
하늘에 버리지도 못하고 이내 태워야겠지
꿈자리를 밟고 다니는 치마 저고리에
맑게 맑게 가위눌려 납작해진 이 땅에서
포경한 성기 끝에 노오란 고름이 맺히던 날,
누군 고름도 없이 죽었다 죽어 나갔다 그 집에
어머니를 닮은 여자가 해설피 웃다 울고 있었다
지상에 꽃이 오래 피지 않는 건 저 미친 누이 때문만도 아니다

내가 어머니를 잡아먹었어요, 어머니
희미한 미소로 내 食慾을 기특해하셨죠 수백 수천 번
내 머리를 쓰다듬어 내 욕정에 따뜻한 웅덩이를 파주

셨지요
 당신 먼저 덤빌까 봐 먼저 내가 어머니를 잡아먹기 시작했어요

 제 몸을 뭉치며 타들어가는 옷가지들
 어서어서 죽어야지, 어서 물불을 안 가리는 날이 와야지!
 까맣게 탄 어머니의 틀니, 저것만 무덤 밖에 남았어요
 저놈은 내가 발라먹은 어머니 마지막 갈비뼈 토막 같았어요
 그래 잡아먹은 어머니 맛이 어땠냐구요?
 죽여줬죠. 정말, 죽여줬어요. 어머닌 내 영혼의 입맛이었어요
 당신을 먹여 날 배우게 했던 거죠

 틀니에 붙은 가짜 어금니를 시퍼런 잡풀로 문질렀어요
 다시 피가 그리웠어요 어머니가
 악마처럼 그리웠어요 난 아직 당신을 잡아먹은 맛을
 영영 잊을 수가 없어요 거리의 여자를 불러 가만
 당신의 틀니를 끼워보게 해요 그게 당신을 불러내요

잠깐씩 어두운 구름 속에서 은빛 찬란한 틀니 같은 햇살이
　마구마구 쏟아져 나오네요 그렇지만 잠깐인걸요
　내가 잡아먹은 어머니, 당신처럼 오래 날 犯하고 있진 않은걸요

淸凉里에서

주접 든 개 한 마리가
정신 병원 뒷문으로 슬금슬금 들어서고 있다

뭐 먹을 게 없나, 갑작스런
악쓰는 소리에 들어섰던 개가
토악질하듯 도망쳐나온다

꼬리만 사린 채 뼈다귀집 골목 안으로
되돌아간다, 겁먹어 짖지도 않는 개
짖어봐야 술집 골목에서마저
내쫓기는 개의
운명을 그 기막힌 팔자를
저 하얀 건물의 철창 안에서
누군가 대신 짖어주고 있다

알아들을 수 없어 더 멀리
짖으러 떠나는 사람의
외마디 소리가
내 뒤통수를 치고 저녁을 빠져나간다

누이가 마지막 입원하지 않은 곳,
내 아직 수용되지 않은 정신의 발길로
큰 병원 뒷문을 지나칠 때, 얼핏
뒷마당 화단에 심겨진 복숭아나무의
저 天桃 열매들, 혹여 하늘의 냄새라도 맡은 듯
사라진 똥개는 눈을 빛냈던 것일까

누이 영혼의 마당에 새벽 비바람으로
한번쯤 쓸고 나왔으면 싶은 날,
여기 어디에 그걸 바라보던 언덕이 있었겠다

꽃과 사마귀

사마귀가 가만히 여름 한 꽃에 오른다
은밀함이 돋아나는 순간, 꽃 이름은 아직 별견되지 않았다 다만
분홍 나팔 모양의 꽃 주둥이엔 사마귀가 도사린다
도사린다는 말에 교묘한 향기가 어린다
벌과 나비, 풍뎅이와 파리까지 드문 여름날 한 꽃의
피어남 속으로 날아들 때, 사마귀는 拳法을 사용할 것이다
원래 육식은 권법이고 草食은 되새김질, 그러나
지금 사마귀의 자세는 침묵이 그 원형이다.
그래 모든 발견에는 침묵이 인용된다 처음부터
꽃은 조용하고 그 속에 花粉과 꿀이 담긴 세월을
사마귀는 침도 안 삼키고 들여다볼 따름이다.
그리하여 꽃은
다른 목숨으로 쓰인다

가난조차 사라진 맘으로
여름 한 꽃을 무심히 지쳐 바라볼 때
사마귀는
꽃이 숨긴 향기 저편에 또 다른 목숨을 부르는 소리를

듣는다. 꽃에 이끌리는 모든 것들에
사마귀는 꽃이 아닌 권법을 사용하고
바람에 스친 구름은
꽃의 반쯤과 사마귀의 아랫도리를 그늘로 적신다

엎질러진 물
—원효 스님에게

저 투명한 骸骨, 유리컵을
내 목마름은
발로 걷어차버렸다

어디까지나, 어느 때에도
찾을 수 없는 것을
곁에 흘려버리고 있다면
눈감고 만진
그대의 젖가슴이
내 마음의 살결이었다면

사방으로 흩어진 물,
방바닥을 어루만지고 있다
더 큰 해골인 방 안에 담겨져버렸다

제가 사막이었다면
내 목마름이 한없는 그릇이란 걸
끝없이 스며들 욕망들,
나를 엎지르고 있다

갈증을 엎질러버리자, 내 안에서
유리 부딪는 소리가 나는 해골, 보이잖는
컵 하나가
목마름에 일어서고 있다

내 안에서 썩고 있는 부처들, 어서어서
비워내느라, 똥이
마렵다

부처를 엎질러야, 내가
편하다 엎질러진 물처럼!

狂人日記 4
―연

그늘진 골목 안에서
아이가 비닐 연을 날리고 있다

    ―애야, 바람도 없는데 어떻게 연을 날리니?
    ―제가 바람인 걸요.
    ―누군가 널 데려갈 것만 같구나.
    ―아저씬 멍청이! 엄마 아빠도 바람 피워 제
가 내보냈어요.

4층 연립주택 창문을 열고, 산발한 여자가
실성한 듯 손을 흔들고 있다

邪敎 신도들처럼 한 떼의 여학생들이 몰려간 뒤
아이는 하늘에겐 듯 누구에겐 듯 미소를 띠고 있다

세상 모든 비밀에 방패연 구멍을 뚫고
갈 곳 없는 시간에 꼬리를 달아줬어요

죽음처럼 무서운 아이가
가벼운 깃털처럼 웃고 있었다

──엄마 아빠도, 영정 속의 할머니 할아버지도 모두 날려버렸어요.
　──넌 수상한 소문 속에서 자란 것 같구나.
　──저 개들도 더 이상 날 따르지 않아요. 저 개들이 前生마저 날려버렸거든요.

심문하듯 이젠 가오리연을 날린다 아이는
땅에 떨어진, 땅에 끌려 더러워진 연 꼬리를
발끝으로 뚝, 뚝 짓이겨 끊어냈다

狂人日記 5
──불에게 바친다

뭘 물어보려고 했죠? 뭘, 뭘 물어보려고
마른 肉脯 같은 나무판자를 그녀에게 올렸어요
안 먹는다는 걸 안 먹겠다는 걸 억지로 먹였어요
기쁨이라곤 쥐뿔도 안 달고 다니는 누이에게
누이를 불질러 보낸 어머니에게 개 같은 숨결들에게
땀과 정액에 겨른 묵은 솜이불을 처넣었어요 어서 먹어, 이년아!
쥐들이 파묻힌 톱밥을 간식처럼 먹이며 하루하루
숨은 날들이 빛나길 6等星 숨은 불씨로 울먹였어요
개 같은 년들아, 밤하늘을 네게 통째로 주마!
시간이란 늘 저주의 음식으로 흘러 넘쳤죠, 용케도
내 목숨이 풋것이란 걸 알아버렸죠

아버지, 내 뺨을 딱 한 대 이승에서 갈겼을 때
불은 피어올랐죠 불 같은 성질, 불 같은 화냥년, 불 같은 세상은 없었어요
차갑게 불길만 허공에 誤入시켰죠
그새 性器마저 바꾼 채
불의 아가리에서 偃月刀 같은 불의 혀, 발기했어요
불길 속에 어머니도 누이도 모두 잃어버리고

집집마다 쥐구멍에 숨은 아버지를 찾았어요 아버지
變態처럼 아름다운 아버지! 어머니가 누이를 불지르고
단 한 번 꺼져버렸어요

어머니, 돌아오세요 미친 누이가
아버지 목을 비틀며 어머니를 팔아먹고 있어요
때 전 커튼 뒤에 증오의 미라들을 숨겨놓고
손톱불을 켜고 켜다, 슬픔의 잔불로 젖어들고 있어요

가고 없는 불, 가고 없는 불!
전 恒溫의 꿈을 버렸어요 어머니 전 변온동물이에요
당신 불자궁에서 누이가 미쳐 뺏어간 계절 때문에
전 햇빛 속에서도 그늘로 떠돌아요 어머니 간데없고
누이가 유서로 쓴 일기책을 내게 던져줘요
미안해, 끝없는 이승 곁불이야! 누이가 당신 무덤에
 아궁이를 팔지 몰라요 어서어서 썩어 땅속에도 보이
지 마세요
 이제 기억의 머리카락 꽁꽁 숨기세요 정말 미치겠어요
 아무렇지 않게 미친 것 같은 누이, 정말 미치겠어요
오랜만에 누이의 웃음에도 불기운이 감돌고 있어요

늙은 겨울이 와요

狂人日記 6
──食貪

 망할 년은 오래 산다 망할 계집은 더 이상 망쳐놓을 사내가 없어 내 등에 업혀 마른 울음을 떡처럼 돌린다 異腹 누이는 살가운 불행처럼 스쳐간다 바람이 살짝 망할 년을 건드리면 망할 년이 천년을 망할 기세로 하느님을 들었다 놨다 達磨의 불알을 주물럭거렸다 아이구 불알 썩는 내! 어머니 무덤 속에서 한 번 더 머리가 둥글게 빠진다 여기가 감히 어디라구, 누이가 세끼를 한 끼로 시간을 버무려 먹을 때, 나는 늘어지게 붉은 낮잠을 잤다 잠꼬대로 몇 번씩 빈 식칼을 들었다 놨다, 하지만 여전히 속이 검게 탄 솥의 불안을 사타구니에 끼고 앉아 있다 송곳처럼 닳은 순갈로 밥알의 눈알을 찔러대고 있다 다 먹어볼 거야 다 먹어치울 거야 네 몫이 좀 줄겠지 하지만 조금 더 힘내서 미치겠다는 누이, 갈 데까지 가서 빈 그릇으로 달그락거리며 빈방에 쭈그려 앉아 새벽을 맞는 늙은, 눈물이 마른 갈보 같은 그러나,

가을 하늘

하늘이 더 깊어진 것이 아니다
눈앞을 많이 치운 탓이다

밥그릇처럼 뒤집어도
다 쏟아지지 않는 저 짙푸른 늪같이

떨어지는 곳이 모두 바닥은 아니다
열린
바닥이 끝없이 새떼들을 솟아오르게 한다

티 없다는 말, 해맑다는 말!
가을엔 어쩔 수 없다는 말, 끝 모를 바닥이라는 말!

바닥을 친다는 것, 고통을 저렇게 높이 올려놓고
바닥을 친다는 것
그래서, 살찌고 자란다는 것!

당신이 내게 올 수도 있다는 것
변명은 더 이상 깊어지지 않는다는 것!

大便佛

내 영혼의 내장에 가스가 찼는지 밤새 뒤척이다 겨우 서너 시간 자는 둥 마는 둥 한여름 새벽, 나는 뭐였더라? 어느 꿈의 亂塵을 헤매다 돌아온 어처구니의 똥줄이란 것인지, 그래도 속은 계속 끓고 안 좋아 내가 왕성히 소화해야 할 독 오른 풀빛 창밖의 매미 소리가
  뜰 한구석 달개비밭 청보랏빛 꽃눈에 가득 넘친다.
  그 넘치는 걸 다 보지 못한 채 급히 화장실 안으로
  들어간다. 이내 세상을 수렴하듯 아랫도리를 까고 나만의 肛門을 열면
  굵지 않은 밤새의 기억들이 진짜 똥으로
  밑으로 느리고 힘없는 끊어질 듯 밧줄을 타고 내려와
  어설픈 跏趺坐! 무간지옥 같은 내 속을 공사하다
  내려온 작고 누런 부처가 얼굴을 땀으로 지워버린 채
  그저 내 냄새만으로 한세상 썩어나갈 쿠린 經典을 솔솔 피워올린다

사다리가 있는 풍경

이제 그만 내려와줘요
숨을 곳이 없어
별들은 팔다리마저 다 자르고
저렇게 눈빛만
살아 캄캄하게 빛나요

인연을 모두 자르고 나니
눈물만 자꾸 타들어와요
아직도, 나를 타고 오르는 게 있나 봐요

목숨을 꿀꺽 삼킨 뒤에도
산자락엔
층층 무덤의 난간이 생기고
저기 흙 계단이 다져지네요

무덤 풀 위에 벌레 알처럼 맺힌 새벽 이슬,
누군가 그 눈알을 밟고
저 가장 어둡게 빛나던 별에게
올라간 적이 있을까

사다리 발판 몇 개가 부러진 이곳,
죽을 때까지
한 번 타고 오르지 못한 채
어제는 부러지고 오늘은 뺀 채
썩어가는 시간의 나무 사다리에
角木 붕대를 잇대주고 있네요

사마귀와 놀다

어머니가 돌아가신 뒤, 마당엔
당신이 붙들고 섰던 오랜 목련나무마저 잘렸다
햇빛이 푸짐해졌던 걸까 잘린 둥치 근처에
이듬해 비비추 잎사귀가 무성해지고
여름 허공에 꽃대를 밀어올리는 비비추
여린 속잎에 가만히 사마귀 새끼가 기어오른다
악수를 건네듯 새끼손가락을 내밀어 나는
놈에게 벌써 秋波를 던지는 것이다 자기를 죽이고
숨을 죽이자 눈길은 이내 그윽해졌다 누구나
제 어미를 잡아먹고 크지 않은 새끼가 어딨겠는가
肉食의 탁월한 몸짓은
오늘도 내일도 그 너머 기일게 구불거리는
시간의 창자를 지구 몇 바퀴라도 감고 있으니,
내 어미 내가 잡아먹었고 그 어미 힘겨워 손 짚던
키 큰 목련나무 그늘이
오늘은 흔적도 없이 사라져버렸다 애써
그 자리로 쏟아지는 햇살의 등골을 이고 나는
어린 사마귀와 수작을 부리며 마음을 어루나니
내 몫의 먹성도 누굴 또 먹여 살리는 自害의 아름다움!
그 그늘에 향기를 파는 꽃대를 부여잡고

사마귀 벌써부터 앞다리를 펼쳐 螳螂拳의
풀빛 사냥을 내게 드리우나니, 배고픈 놈들은
배고픈 놈들과 함께 제 어미를 불렀으나
그 어미 제 영혼의 뱃속에 들어찬 뼈와 살로
힘차게 죽어져 되살아나고 있으니, 사마귀야
대체 어미란 어미들은
이 땅에 잡아먹히려 울다 웃다 가는
눈물겨운 等身들이 아니었더냐, 갸웃 외고개를 틀며
어떤 향기로 죽음을 부를까 즐거이
고민하는 너와 나에게,

殘雪

고집불통의 새 한 마리
몇 번의 겨울을 쪼다 돌아간 뒤
내 마음의 그늘마다
하얀 털들이 섬처럼 남겨졌다

눈을 떠야지
어서 눈을 떠야지
눈감을 수 없는 세월이 찾아온다.
하얗게 백태 낀 말들,
맑은 눈물을 만들려고 햇살을 기다려도
그늘은 옮길 수 없다는 말, 버릴 수 없는
혈통 같았다

심심한 오후의 개들, 오줌을 지리고 간 뒤
그 하얀 털에도 脫毛가 시작됐다
스밀 줄 모르던 하얀 울음들
오래 때 타고 나서야
저 진 땅 소맷자락에 훔쳐지고 말았다

수박

 삼천원짜리 작은 수박덩이를 들고 땀을 닦기 전 거짓말처럼 몇 번 수박을 두드렸지만, 난 아무것도 모른다 어떤 대답도 거부하는 수박의 울림, 속을 보지 않는 말, 말을 드러내지 않는 빛깔, 자르면 붉은 잇몸 같은 속이 검은 來生의 씨앗들 어서 가져가라, 어서 가져가라, 촘촘히 박혀 있을 게다. 자랄 수 없는 바닥에 퉤 퉤 뱉어지는, 숨 막히게 더운 여름날, 까만 수박 씨앗들 검은 파리떼만도 못하리라, 한끝 유쾌한 단맛이 끝난 뒤에 저렇듯 아무것도 시작하지 않아도 되는 生을 수박씨들은 감추고, 먼 곳에서 우레가 돋는 먹장구름의 뒤꼍에서 나는 물찌똥을 누고 푸른 죄의 싹을 틔우러 예까지 흘러왔다 지루한 낮꿈의 장마를 건너리라

 아내의 배가 자꾸 불러온다, 老産의 배에 검푸른 줄을 긋듯 내 은밀한 손길이 뱀처럼 쓰다듬는 한낮, 아내는 거꾸로 들어선 아이 걱정에 시퍼런 메스 같은 부엌칼을 자꾸 내게 내미는지 모른다 수박은 몇 개월째에서 배를 가르려고 이승에 나온 것일까

처마 밑에서

추억을 켜드릴까요
버림받음을 다시 받아올까요

저녁 불빛이 오면
저는 천년 전으로 꽃 피러
가겠습니다

빗속을 뚫고
제 뿌리가 가 닿는 곳, 당신은
여전히 滿開한 작약꽃들을 담은
제 마당이었습니다

부옇게 김 서린 안경 너머에
당신은
눈물의 球根 같은 눈알을
열심히 굴리고 계십니까

문 닫은 술집
지붕은 언제까지나 접을 수 없는 우산,
이 처마 밑에서

비의 창살이 걷히길 내
슬픔의 出所 날짜를 곰곰이 세고 있습니다

너무 늦은 가을

이제 사랑이라고 부를 수도 없게 돼버렸다

기억마저 잇몸이 들떠 아프다

누군가, 마지막 여름의 가래를 길게 돋워
모래땅에 뱉는다 모래알들이
좋다고 가래침에 둥글게 달라붙는다

여름날 보았던 미친 여자는 貞操한 맏며느리가 돼 있었다

먼지 낀 좌판에는
철 지난 과일들이 不安으로 더 윤기가 돌았다

무슨 過去를 기억했는지
새떼들이 눈 딱 감은 채 낄낄거리며 날아가고 있다

포경수술을 마친 아이의 性器 끝에서 고름이
일찍 져버린 가을꽃처럼 말라붙어 있다

붉은 무덤엔 양귀비꽃들 마른 씨들과 함께 피었다

피임하듯 흔적 없는 戀愛, 바람의 欄干에 허리를 기대고 섰다

상수리나무, 상수리나무 주문처럼 천 번을 중얼거렸다
겉껍질을 벗어난 알몸의 상수리 열매
갈잎의 私娼街 속에 쏙 숨어버린다

병신, 그것도 못 해!
개 두 마리 서로 반대 방향을 한 채, 낑낑거린다
떨어지려 할수록 쾌감은 붉은 혀를 뽑아내고 있다

돌아오는 길, 늙은 거지를 만났다
그는 뭔가를 감추고 있는 것만 같다 더러움이
그의 비밀을 잘 품어준 것만 같다 둥지!

애인 대신, 입술이 쪼글쪼글한 모과 하나를 호주머니에 품고 왔다

浦口로 가는 저녁 버스

삼거리 횡단보도 앞에 서 있다
방금, 병원 문을 나섰다
나섰다는 생각이 나를 머리 둘인 뱀으로 만든다
(그래, 그래도 마음은 하나지!)

멈춤에 떨고 있는 포구로 가는 1번 버스,
늘 뒤에 남아 마음의 불빛 바뀌길 기다렸다
죽음만큼은 내가 나에게 1번이겠지
부르면 정확히 나를 눌러줄 내 몸의 벨 버튼!

끝내 입을 벌려
한 줌 생쌀을 다물리고 떠나야 할 길,
저 불빛 환한 車窓 안에 이미 遺族처럼 앉은 사람들
포구를 스칠 때
흙소금 냄새를 맡을 것이다

결국 덜 죽은 삶에게 問喪을 가는 게 아닌가

세상이 쉬 썩지 않는 건
바다를 그냥 내버려둔 채 잠들 수 있는 건,

빛나는 시체로 떠오르는 바다, 그 눈부신 내장을
다 수습할 때까지

불빛 속에 잠겨 있는 사람들, 버스 안에
窓들이 매달려 있다
아픈 생각을 잠들게 하고 싶다
아픔을 절이고 있는 바닷물, 그 모두가 삶인
끝없이 애기 울음을 우는 갈매기떼
날개 달린 비석처럼 유리창 너머 떠오를 것이다

건널목

내리실 분이 없으시면
그냥 통과하겠습니다!

그러나, 차단기가 내려졌다
숨 막히는 기억이 단숨에 치닫겠단다
칸칸이 사연이란다
창문을 달아 조는 모습이라도 보여주겠단다

왜, 갑자기 변명할 세상이 사라진 것일까?
텅 빈 우물을 싣고 가는 완행버스,
아무도 퍼 가지 않는 그 속에
두레박줄처럼 길이 떨어지곤 했다

내릴 곳에서 내린 사람들은
내 안에 살지 않는다

잘못 내렸다는 생각이 떠나지 않는다
그냥 지나친 걸 인정하자

죽음 앞에 내려져 있는 차단기, 그러나

죽음을 길게 늘이고 있는 길, 잘못
내렸다는 생각은 거기서부터 왔다

멈출 수 있다면 기차는
떠나지 않았을 것이다. 우물 바닥을 드러낼 때까지
버스는 목마름을 털털거렸다

通過만으로도 상처가 되는 길, 그 두 줄의
새하얀 은빛에 햇살이 베이고
먼지가 다시 내려앉는다

죽음은, 脫線할 때까지 계속된다

축농증

수술한 코를 싸쥐고 집에 돌아오다
꽃집을 지나쳤다

색색깔 국화꽃, 핀 꽃
아니 핀 꽃……
서리 내려도 꽃, 송이를 컨 꽃

뿌리가 오래도록 쟁인 향기의 고집 때문에
꽃은
喪家집에도 가고 붉은 흙무덤 곁에, 개업집 돼지머리 옆에
한참을 피어 있었지 꽃
만 보면 남몰래 꺾던 손으로
콧속을 후볐다 그 속에 물혹과 膿만이 가득했다

꽃, 향기를 지나쳐
적막한 코 같은 집, 어서
나를 킁킁 들이마셔봐, 냄새를 맡아봐!

무덤만큼 답답한 코가 어딨겠는가

그래서 자꾸 길을 뚫으러 갔다

手淫

한 별이 또 한 별의 꼬리를 악물고
어둠의 궤도를 입 틀어막고 빠져나간다

벌판 한가운데
별똥별을 맞은 커다란 밤나무숲의
꽃 핀 밤나무 가지 찢어져 불탄 채
나뒹굴고 있다

오래 전 황혼빛이 끼쳐들던 동굴 입구,
원시 벽화 속의 여자 젖가슴이 부풀고
검은 젖멍울이 적갈색으로 단단해진다

가까운 마을, 검은 실개천에선
물방울에 갇힌 아이들이
발버둥치며 물거품처럼 떠내려간다

惡漢 같은 여름, 누군가
내 아랫도리에 艶聞을 뿌리고 있다

조롱박을 타다

조롱박에 실톱을 들이댔다
덜 익은 하얀 씨앗들,
뻐드렁니처럼 햇살에 웃고 있었다

두 개의 그릇이 갈라져 나왔다

나를 대신하고 싶을 때마다
당신은 바가지를 쓰세요

한 몸으론 그냥 썩을 몸,
갈라져 제 속을 파내야
누군갈 오래도록 퍼먹일 몸!

嘲弄 때문에 모든 걸 끝낼 순 없다

먼저 타낸 갈색의 씨앗들이
담뱃진 잔뜩 낀 이빨로 웃고 있었다

手動式

손으로 허공의 파리를 잡다
손으로 마당가 잡풀을 뜯는다
손으로 매미의 날개 몸통을 잡다
손으로 아랫도리의 물건을 가지고 논다

손으로 할 수 있는 일만
죽음이
맨 나중에 못 쓰게 만들었으면
손으로 저지른 罪만 분명히 罰할 수 있었으면

사랑의 이름으로
네 목을 내 손으로 졸랐다면
슬픔의 겨를도 없이
손 한 번 흔들 사이도 없이 車에 치인 노파의
흰 머리카락들
흔드는 바람의 손으로 언젠가
나를 데려갈 때까지

손으로 뿌리고 손으로 캐고 거둬,
흙의 손으로 날 달디달게 썩힐 수 있을 때까지

풀뱀

하느님은 땅꾼!

저승의 풀섶에서 날 잡아다
배아암— 배암— 사세요
팔다가 팔러 다니다가
못 팔고 해 쨍쨍한
이승의 풀섶에 날 도로 놔주었네

하느님은 땅꾼,
그러나 도로 십자가 집으로 돌아가버리셨네

내 울음 허물 벗을 곳 찾아
허물 없이 온몸으로 기는
긴 긴 한나절!

베개

베고 눕는다 반달가슴곰을
500년 묵은 白松의 허리를
물소리에 꽃 피가 도는 물봉선화 꽃대를
하늘 이는 것도 지겨워 대웅전 처마에서 슬쩍 밀려내려온
암기와 한 장을 베고 눕는다 하루를
이틀을 세다가 잠을 베고 눕고 꿈을
주책 떠는 영원을 한숨처럼 베고 눕는다

너 없는 나를 베고 누워
阿羅漢의 눈빛을
하느님의 하품 같은 구름을
산의 틀니 같은 바위를 풀꽃의
오랜 전생을
다시 태어나지 못할 이승을
다 눈빛 주지 못한 시간을
어머니의 무덤을
베고 눕는다

삶이 죽음을 넉넉히 베고 있듯이

조롱박
──울음

새끼 조롱박에 귀를 댄다
푸르게 문 두드리는 소리가 났다
갈수록, 문 두드리는 소리가
울먹울먹하게 들렸다 그
소리 때문에 조롱박은
제 몸을 자꾸 밖으로 넓혀갔다
안에서 나는 소리를
밖에서 듣지 못하도록 조롱박은
허리를 졸라가며 몸을
밖으로 밀어냈다, 그 새끼 조롱박
어느 날, 더 이상 몸 불릴 수 없는
다 큰 조롱박이 됐지만……

가슴에 둔 귀는 어쩔 수 없다
침묵은 커져만 갔다

쪼개면 하얗게 타버린 소리들,
쭉정이로 마른 속씨들
잇몸이 다 들떠 있었다

개복숭아나무

약수터 입구, 얕은 산비알에
개복숭아나무 한 그루 뿌리 드러낸 채
서 있다

제 고집에 사로잡힌 미친 여자처럼
개복숭아는
송진 같은 투명한 액체를 숨어 흘린다
거기, 날벌레들이 붙어
가끔 꼼짝도 못한 채 죽어간다

늦저녁, 땀 뻘뻘 흘리면서
近東 사람들이 약숫물을 받아간다
물통에 맺힌 武陵이 뚝뚝 마른 돌멩이 이마를 적신다
가지마다 개복숭아가
多産의 털강아지처럼 매달려 있다
아무도 따 가지 않는다

 입구에서 늙은 여자들이 물배낭을 업둥이처럼 매고 간다
 목마름이 내놓는 길, 그 침묵의 발길에

길바닥, 튀어나온 돌 이마가 반들하게 닳린다

고명

낡은 선풍기 안에 네 개의 프로펠러들,
한 잎의 끄트머리가 조금 부서져 있다

"행운이란 게 돌고 도는 거예요!"
행운의 이파리가 혼자 돌고 있는 어두운 식당!

평생, 냉면 위에 고명만 얹다 간
뚱보 아주머니의 죽음.
아무 무덤에서나 무성한 개망초꽃 주둥이에
호박벌의 엉덩이가 얹힌다

궁금하다, 나
혼잔데 날 이승에 얹고 간 사람,
그의 머리에
황금빛 우울의 광채

날 얹어 먹는 시간들, 입과
거기 닿아 있는
누운 길의 구불거리는
내장들

곧바른 길도
꾸불꾸불 마음이 걸어간다

뭐가 얹혔기에 저리
급히들 또한 천천히 걸어가겠지

비 오는 감옥

잔디밭은 금줄이 둘러쳐져 있다
비가 내리면
잔디밭은 조금씩 허공을
끌어안고 있다

누군가 둘레 밭에서
목소리를 낮춘다
중얼거리고 있다

여기가 어딘데, 여기가
어느 眼前이라고
이 빗속을 뚫고 달려오겠다는 거냐……
추억은 뛰쳐나오고 싶어
여자의 핸드폰 속에서 남자는
마지막 취기를 붙들고 운다

저 수만 갈래 빗줄기를 배려고
잔디밭은 부풀고 있다 부풀어
혼자 독해지고 있다 홀로
금줄을 치고

못 다 부른 不幸을 가만히
비워두고 있다

가둘 수 있었다면
이렇게 부를 수도 없었을 텐데
녹아내리는 빗속의 감옥, 잔디밭은
아직도 뒹굴 수 있다고
버리고 돌아와 누운 하늘
눈빛 가득 품을 수 있다고
어떻게든 비의 감옥을
뿌리 깊이 내려받고 있었다

洪吉童과 九雲夢

1
몽상이 반역이다. 저녁내 방바닥에 엎드려
투명한 방바닥 밑으로 하늘이 드리워지는 걸 본다.
거기, 宦官처럼 몰려다니는 아홉 채의 커다란 구름들,
한 구름에서 또 한 구름으로 건너뛸 수 있을 때까지
생각은 活貧黨처럼 날뛸 것이나
어느 영혼, 어느 꿈의 庶出이었던 것이
여기 이렇게 식은 땅거미를 드리울 뿐이다. 잠시
삭아가는 머위 잎새에 닿는 늦가을 비의 서늘함,
우리네 구름이 善處를 바라 띄우는 接神이라면
누군들 한 몸을 온 마음으로 거듭 적시지 않겠는가

明運의 저 깊은 그늘로 들이는 네 눈빛이나
 이 저녁 내 전신인 듯 서 있는 나무들의 독백 같은 낙엽은
 결코 흘려버릴 수 없는 것들을 즐기는 내 뿌리의 명징한 하소연과
 늙은 손짓의 그림자 같은 거다. 吉童아
 아이들은 이미 내 안에서 다 자랐다. 그들은
 모두 거뭇거뭇해진 구레나룻과 은밀한 털들 숨기고

헐어빠진 연애를 한다. 수시로 몸을 바꾸는 이승의 체위와
  말을 비틀 줄 아는 小人輩들과 어울려
  잠시잠시 영혼을 꺼뜨리면서 밤새워 술 마신 적이 있다.
  길동아, 칼을 뽑기 전에 칼집에 도드라진 조각들로 시대의 성감을 읽으며
  칼을 잊고 내내 다른 곳에서 나는 풀잎 어둠에 수시로 베였다

   2
  나는 나의 심심하고 우울한 老母였다, 즐겁기 위해
  사소한 날카로움이 골목을 벗어났을 때, 吉童아
  내 안에 들어 있는 義賊들은 심심한 동네 아줌마들과
  가까운 芍藥*이나 永宗*, 해당화숲 일렁이는 덕적島쯤에 遠足이나 가는
  늙어가는 구름떼와 같은 변덕으로 시시덕거리며 불륜과 술판으로
  사랑의 율도국을 다녀왔을 뿐이다. 의뭉스런 눈빛과

가만한 손길만이

한숨으로 몰아나갈 夢幻의 새떼들이 저 환난 같은 구름 속을 꿰뚫고

잠시 떠오르게 할 뿐이다. 기억하는가 아직 다 짓지 못한 마음의 要塞엔

벌써 누수와 곰팡이꽃이 피고 피로에 지친 얼굴들

이미 저 九泉의 아홉 채 구름 속에 비쳐 보인다.

하여, 다시 읽어야 할, 다시 엎어야 할 어둔 書冊 같은 세상에

눈빛을 켜고 들어오는 바람,

오늘은 草笠을 고쳐 매고 새삼 열번째 꿈의 구름을 부른다.

그 구름이 내리는 햇살기둥과 먼 훗날 비의 예감이 한 가슴 적실 수 있을 때까지

* 芍藥, 永宗: 인천 연안에 있는 섬의 이름.

뭍에 오른 거룻배

  남한강, 그 푸른 은밀한 허리띠를 저만치
  귀 시린 늦여름 울음으로 잔잔히 흐르게 해놓고
  돛도 닻도 없이 예까지 끌어올린 이는 누구인가
  가끔 무어라 말해야 할 지 몰라 휘둘러보면
  개망초꽃 지천이고, 큰 자갈돌들 속 단단히 품은 적막들 곁에
  허적허적 젊은 물살을 헤쳐온 물이끼 낀
  낡은 櫓마저 없다. 빈 속내엔
  강물을 퍼 올린 저 하늘 구름의 무게가
  녹아 있다. 무너지는 돛대처럼 내가 꽂히듯 오르면
  잠시 기우뚱 목례를 하고, 숨은
  시간을 저어가고 있다. 굳이, 왜?
  이 나아갈 수 없는 뭍에 올랐느냐 물을라치면
  또 기우뚱할 뿐 뭍을 흐르게 하는 수많은 바람의 행간 속에
  말없이 삭아갈 뿐이라고, 배가
  흐르지 않으니 行人이 한 번씩 타고 저 거친 벌판과
  그 위의 하늘에 눈길을 주지 않느냐고, 기우뚱!
  거룻배가 제 코 앞의 개망초꽃 콧등을 친다

화문석

커다란 꽃무늬가 이곳에 너울대고 있었는지 모른다
한참 물오른 시절이 울음처럼 간곡한 골목으로 뚫려
北滿洲에서 濟州까지, 동해 洛山寺에서 서해 傳燈寺에 이르기까지
칠십 평생을 흩뿌리다 간 아버지의 돗자리엔
아주 작은 벌레 구멍이 났을 뿐, 반질하게 닳은 건
누구의 명령도 아니었다. 가만히 들여다보고 있으면
이미 푸른 무덤 속에 자리를 펴고 계신 당신이 보이고
대머리 臥佛처럼 낮잠 든 곁에 가끔 合竹扇을 켜던 나의 장난기,
莊子와 老子를 데불고 읽다 문득 採根譚을 돌이키는 고요로운 눈썹이
이내 法句經을 대하다. 밤낚시를 파하고 낮술에 껴둔 아버지의 자리엔
꽃다운 것들조차 수수로웠다. 가끔 파리들도 와서 仙境처럼 머물까
잠든 당신 이마에 고려청자 속 구름무늬처럼 일렁이는 주름살들
아예 볼 수가 없어도 자리는 무너지지 않는다. 이내 피면 되리라.

가끔은 서럽게 그리워 펴보는 당신의 草書 족자들 속엔
 취기처럼 흘러가는 것도 하나의 法道가 되는 세상
 굳이 말하지 않아도 더 이상 눌릴 것 없는 꽃무늬 몇 개로 넉넉한
 드려지는 아득한 자취. 가신 그곳의 자리는 어떠하신지,
 개망초꽃 하얀 저승 둑길을 눈물 그렁한 황소걸음으로 가신 당신,
 말하지 않고 남기신 돗자리에 무연히 앉아
 오늘은 까맣게 이승 때 낀 손발톱을 깎는다. 바투
 깎인 발가락에 도는 핏물로 당신 삭아진 뒤끝이 이어지고
 과연 나를 부리고 부려 무슨 漢字의 꽃빛 글무늬 놓을 수 있을까
 아버지, 이승 낚시하다 돌아간 達磨처럼 떠난 뒤
 주름지는 자리마다 내 욕망의 살집이 놓이는 게 꽃무늬에 어린다

다락이 있는 집

1층의 집 안에 2층의 방이 낮은 구름처럼 떠 있고
그 방 안에 1층의 추억이 숨쉰다
추억은 효모 같은 것이어서 때로 습기 차고 막막한 기분에
낮에도 거미처럼 시간의 꽁무니 빼며 오르면
생각보다 부푼 낯섦들, 그 시절
내가 건네준 우울의 흐린 문구들
메마른 헌혈처럼 다시 손에 쥘 때가 있다

어디에 얼마만큼 살았던가, 뒤돌아볼 필요 없이
나는 먼지만 뒤집어쓴 옛 물건들의 치수 앞에
헐렁하게 불어난 욕망의 입성도 잠시 언젠가
주검의 문밖에서 활활 불태워줄 자손을 만날 것이고
곰팡이와 거미줄, 온갖 먼지 구덩이 속에도
발 들여놓지 못한 한여름 드잡이질 같은 그리움이
상어 아가미 같은 계단 밟아 오르며 숨죽인다

한때, 모든 실패한 것들을 안 쓰는 빈 그릇처럼
잠시 그러나 오랫동안 다락으로 올린 적이 있다
잠 못 드는 열등한 구름떼와 변변찮은 변두리의 일기

장이
  편집증의 하느님께 들켜 은밀히 修繕되기를
  이미 사라진 夢精의 새떼들을 부르며 방바닥에 쓰러졌을 때
  나는 서투른 어른이었다. 서른!이라고 부르면
  설운 마음만이 자꾸 옥수수처럼 삶의 가마솥에서 건져내졌고
  가끔 다락에선
  쥐들조차 적막을 쏠다 어디로 떠나가는 길이 들렸다. 지난
  미완성이 많은 그곳에 꿈속의 불이 붙었고
  나는 오래도록 1층뿐인 시간의 뒤 살피느라
  신경쇠약의 귀를 다락보다 높은 곳에 걸어두곤 하였다

風景 속의 入口

내 안의 거리에 눈 맑은 白手가 지나간다
바다는 가끔 청첩장을 보냈다. 아무도
받아본 적은 없지만 시간은 늘 푸르러
옥수숫대 가는 허리마다 칼 같은 그늘로 적셔둔 含默.
가끔은 나도
내가 따로 보일 때가 있고……
이글이글 타오르는 아스팔트 위로
白首狂夫의 妻 같은 리어카 행상이 무단횡단하고 있다

사랑도 일종의 아름다운 정신병. 아마
오래 못 버티고 변두리 곳곳으로 달아나는
눈먼 여름의 황량한 탈출극. 모든 게
그립기 전까지 더운 얼굴에 겉늙은 탈 하나 쓰고
그래그래 고개 끄덕이며 혼자 울어봤으면……
뜨거운 울음소리만 한여름 소나기 끝에
그대 잠시 서성이는 그늘 밑 쇠불알만한 버섯으로
뽀얗게 솟아오르는 꽃과 다른 꽃 흉내!

　한낮, 내가 바라본 사창가 근처엔 웬 슬픔이 잠인 양
쌓여서

갖은 색깔 백일홍 群團이
入口에 담배 피우는 여자처럼 줄지어 서 있다
나도 이승에 서 있기는 서 있다고들 한다.
문득, 모든 入口가 화안해졌으면, 바로 입구!
입구가 중요하다. 립스틱 바른 두 입술 사이에서
남성의 뜨거운 핫도그가 먹힐 거웃 달린 입구까지
모든 입구에 서성이는 사람들의 출구,
빠져나올 생각은 하지도 마라. 미쳐
무엇엔가 미쳐 바라보는 자들의 눈도 그리운 입구!

尋牛圖, 그 여름과 함께 보다

빈방 홀로 새벽까지 설친 여름날 밤
가만히 내 피 빠는 모기 한 마리와 더불어
나란 도대체 어디에 묶어놓은 우둔한 牛馬더냐
말뚝은 차라리 박아둘 善處가 분명한데
풀어놓아도 제물에 묶이고 마는 나의 고삐는
사르고 사르다 허공 중에 풀어져버린 모기향 하얀 재처럼
마음은
메마른 개천 바닥 지천으로 깔린 여뀌풀처럼 번지다가
이내 푸석이며 순간의 거미줄에 엉기고 말 때
내 손짓에 흩어지는 저 모기 한 마리,
문득 청평사 寂滅寶宮으로 홀연히 날아간다는 생각
저놈에게도 法名이 필요한 걸까

어릴 적, 어머닌 새끼 배지 못하는 암소 때문에 한겨울로 우셨지만
그 울음은 얼마나 소 울음과 닮았던지, 어머니의 눈조차 소 눈망울로 젖었다. 그 눈 속의 기억의 겨울엔
하얀 눈송이들이 낡은 축사 밖에서 길을 찾는 萬行이었나

가지고 놀면 부모가 일찍 돌아간다는 대막대기 하나로
유년의 집은 감당하기 힘든 伽藍에 가까웠다. 헐은
倭式 사택의 벽을 죽비처럼 두드리던 나의 눈길에
사람의 집이란 커다란 목탁이나 木魚에 가까워서
쏟아지는 눈발 속으로 팔려나간 소들은 모두
훗날 내가 누울 반 坪 무덤 밖의 이승, 그 따뜻한
境地에서의 투명한 울음과 그 길들이었다

그 길 따라 잠시 쓰러지고 또 일어나는 욕망과 잇대인
한 개천에 튀밥 같은 연분홍 여뀌풀꽃 환히 핀 어느 날
진창을 펜 마음과 이 法門 밖의 모기 울음으로는
徒勞에 불과한 행려이고 말아, 어머니 눈물과 눈발 속
에 풀어놓은 소들이
지금은 무슨 말들로 들려오는지 알 수가 없다. 아득한
나의 속내 어딘가 절렁절렁 쇠방울 소리 들리지 않아
지금은 울음을 감추고 어둔 눈 비비며 樵童처럼
어머니의 소들을 찾는다. 버려둔 기억들이
여름 옥수수처럼 푸르게 자라오른 문밖 안개 속에
절렁거리는 쇠방울 소리가
어둠 속 한세상 가득 伽藍의 소 울음으로 가득하다

저녁의 제비

저물녘, 제비 한 마리가
하늘 높이 구름장 밑을 날고 있다

발밑에
조금씩 거칠어지는 씀바귀 하나
자꾸 날카로운 잎 끝을
가늘게 뻐치고 있다 모든 처음이란 그렇다는 듯이

아욱 잎사귀 뒷면으로 숨는
풍뎅이 한 마리. 쇠울타리를 마악 타넘는
환삼넝쿨의 꺼칠한 덩굴손,
저녁을 들여다보는 우멍한 눈길!

제비는 다시 한 번 급선회를 한다
내게도 나를 타넘어가는 날렵한 날개와
몇 박자의 스텝에 내 영혼을 까무러치게 할
춤과 제비꼬리 같은 말솜씨가 있다면, 나는
불륜의 에덴으로 갔을 것이다

제비가 돌아갈 때, 江南은

내 안에서 不夜城을 이룬다

나는 텅 비어서만 미쳐버리는 영혼이다

비 온 뒤

놀이터 젖은 모래밭 근처에서
몸 낮게 도사린 고양이를 만났다
고양이는, 숨은
정적의 눈빛을 던졌다 재빨리
사라진다. 고양이의 눈은
정적의 힘으로 가득하다

어제 휘파람새는 아직 보이지 않고, 매미는
보이잖게 빗줄기를 통과시킨 허공의 用紙 위에
울음을 도트-프린팅한다. 버려진 항아리들은
깨진 조각으로 박살난 두개골을 부르고 그
두개골 안쪽엔 작은 기척에도 몸 둥글게 마는
쥐며느리들을 모으고 있다. 저 짙푸른 옥수수밭엔
거꾸로 매달린 사마귀가 수놈을 부르고 있는지 모른다

어디, 눅눅한 쥐구멍에도
당장 볕들 날이 필요한 건 아니다
내 안에 수없이 뚫린 쥐구멍들은 때로
서로에게 낯선 벽으로 맞서고 있다

모든 밑으로 빗방울들이 매달려 있는 시간,
나를 마지막으로 떨굴 수 있는 건
오직 환멸뿐이다

정신 병원으로부터 온 편지

가상이 내 몸에 알을 스는 밤, 이다
먼 기억엔 따뜻한 정신 병원에 쓸쓸함으로 갇혔던
누이가 있다. 그때 그녀는 정신 분열증이었으나
나는 정신 미분열증으로 고생하던 청춘, 이었다
그래서 지금 생각, 한다 모든
病名이 있는 입원은 행복하다 갇혀서
따뜻할 수 있는 자들의 夢幻이
구름처럼 떠다니다 낮잠에 빠지는 사람들 속에
어린 꽃잎 같은 소녀가 남몰래 내 몸에 편지를 숨겼다
문득 내 몸은 붉은 우체통이 되었다, 집에
전화 연락 한번 해달라 부탁한 그 쪽지엔
탈출보다 극심한 폐쇄의 속살이 얼비쳤다

    오래 가지 않을 것이다
    여기는 온갖 것들의 세상, 그곳으로부터
    아무런 편지 없을 때, 나는
    오지랖 좁은 詩들을 쓰며 그대 병동의 밤을
    가끔 떠올린다. 이곳은 아직 수용되지 않았
을 뿐
    증세를 다 호명할 수 없어 그냥 놔둔 露天

병원!
　따뜻한 간호사가 필요하다, 아직
　꽃나무들, 먼 새들과 함께 어떤 증세로든
살아 있어
　무릇 야릇한 소음과 정적으로 희망적이다

누이가 앓고 있는 만큼 소녀가 꿈꾸는 세상만큼
세상의 얼굴은 더 늙어 보이고, 늙어서 고치는 것은
목숨을 다치는 일뿐, 누군가 아직도 식물의 맘으로
동물의 상처를 앓고 있다

계단 위에 죽어 있는 쥐

풀밭 너머의 강물을 다 퍼마시지 못하고
쥐는 계단 중간쯤에 죽어 있다 햇살이
이제야 쥐구멍을 다 볕들게 한 기분이다
죽음이 이렇게 넓은 곳에
쥐의 生前을 쓰러뜨려 놓고 있다

한없이 출렁이며 흐르는 샛강은
쥐의 귓바퀴를 소리로서만 돌아나가고
풀밭조차 건드리지 못한다 강물은
아득한 곳만을
꼬리가 먼저 흘러들고 있다

"나는 모든 몸통의 머리를 끝으로 봐왔다!"

봄 햇살이 내리쬐고
쥐의 털들이 오후 동안 따뜻해진다
식을 줄 모르는 것은 저녁이 아니다 저녁은
집으로 돌아가는 발 밑에 죽은 것들만
차갑게 내버려둔다

강가의 버드나무들
쥐가 누운 계단 쪽으로 가는 바람을
쓰다듬어주고 있다. 계단은
푸른 둑방을 향해 박혀 있다. 사람 발길이 없어
어느 쪽으로도 올라가거나 내려오지 않는다.
쥐의 주검은 그 중간에 놓여 있다

들판의 개

투명한 침이 입가에 묻어 있다
누우런 송곳니의 정겨움, 흙 속으로
늘어지듯 내려오는 끈끈한 침 줄기……

바람을 입 안 가득 물고
어디로 가야 하나

그의 눈은 아직도 흑백시대,
총천연색의 풀잎들,
그의 발목에 가득 묻어 있다

가을까지 가지 않아도 된다
盲目은 그런 것이다

흐린 날

기름진 울음, 초록의 나무들
잎사귀들 뒤집으며 하늘의
입으로 빨려들지 않으려
허리를 뒤틀었다

개들이 하늘의 말뚝으로 옮겨 묶이고 싶은 날,
땅의 말뚝엔
몇 방울의 비와 개털이 묻어 있다

묵은 사랑의 고막을 터뜨리며 네게 가고 싶다
차라리 말로서 그 길을 듣지 않겠다

꽃가루처럼 서로에 묻은 것들 털어내려고
제 울음이 풋것을 지나
붉은빛 열매로 씨눈을 간직하는 순간,
고요가 너무도 달다

환멸의 침대에서 나를 다 꿈꿔버린 오후,
한숨 다 지나간 거다 늙음이
완성 직전의 치마 주름처럼 잔뜩 물결치고 있다

누룽지

보리가 섞인
흰밥을 그릇 바닥에 펴 누룽지를 만든다. 언제부턴가
나는 좀 딱딱한 말들의 밥알을 씹기 좋아했다!
 너무 부드러운 건 진실이든 아니든 믿음의 위장에까지 이르지 못했다
 그대들의 질거나 된 삼층밥의 하얀 진실들이 제각기 설익음으로 뜨거워지고 있는 사이에도
 그 밑바닥, 눌린 밥풀들이 아우슈비츠 유대인처럼 신음으로 엉켜 죽은 듯
 그 몰상식한, 아니 몰살당한 歎聲의 딱딱함을 즐긴다

바닥을 긁는,
긁는 바닥의 마지막 비참을 나는 사랑한다
사랑한다, 더 이상 긁을 게 없는 바닥의
꿈을, 폐허조차 없는 밑바닥을
고소한다, 아니
고소하다!

껍질은 이제 가장 나중의 속인지도 모른다
더 이상 나를 베끼지 마라

나는 풋것들의 인연으로 눌려 있다 아직 젊음이라고 나를 태운 것들!
처음의 불의 혓바닥을 끝물까지 간음했다
이제, 바삭바삭하다!

숨은 빛
──봉숭아물

아내는 새로 산 샌들을 내려다보며
잠시 지하철을 잊는다

엄지발톱에 무슨 색 매니큐어를 칠할까, 고민한다
고민은
갖은 빛깔, 여러 얼굴의 마음 속으로
들락거렸다

초여름, 폐가 마당 막 자란 봉숭아들
순식간에 진분홍 꽃들을 달고 전철처럼
달려왔다

흰색 봉숭아꽃도 있어요, 아내는
희귀종 봉숭아꽃을 따 발톱에 물들일까
내 손끝을 가만히 건드렸다
툭, 터지는 생각 속에서
아내는 禪師처럼 뒷말을 잇는다

"흰색 봉숭아를 물들여도 손톱엔 진분홍 꽃빛이 난대요."

순간, 전철이 달려왔다 한낮의 어둠이
소리 지른다 소리의 흰빛이
순식간에 푸르게 스쳤다

더 이상 나를 물들이지 마라
나를 지우겠다고 찾아오는 사람들
제 빛깔부터 아예 잊어버린다

새벽시장에서

깨울 시간이다 새벽녘에 내린 비가
포장마차와 포장마차 사이
늘어진 전선줄에
줄지어 빗방울로 매달려 있다

저 빗방울들, 혹이 아니다
언제든 후드득 떨굴 수 있는
미련이다 미련 없이
갈 수 있는 곳에 누구나 묶여 있을 뿐
잠시 서성일 뿐이라고, 여기는 사람은
얼마나 행복한가

포장마차, 넌 겨우 붉은빛으로 날 잠시 보았을 뿐
갓 피어난 느티나무 어린 새잎들
이마에 스치자, 보쌈을 풀 듯 시장은
밤새의 냄새를 푼다

다시, 깨울 시간이다
새벽비에 웅덩이가 생긴 마음의 포장들
걷어내고, 이것은 내 죄의 심장이고 이건 내 슬픔의

콩팥이다
 신나게 떠들며 손뼉 치자 사람들이 눈빛을
 반짝이며 모여들기를 바랐다 신나게
 내 우울의 穹窿 밑에서 비 그친 하늘로
 말의 화살을 풀잎 냄새가 나도록 쏘아대고 싶었다

 涅槃의 도가니탕이 펄펄 끓는 시장통 한구석을 지나
 미련이 뚝뚝 떨어져 발등을 적시는
 수없이 얽힌 전선줄 밑에서 새로운
 비의 예감에 하늘을 보았다

수도꼭지

저녁이 온다
어딘가에서 나는 새고 있다
처음, 그 울음으로 시작하던 처음에
나는 조금씩조금씩 틀어져
여지껏 새고 있다

물소리, 들릴락 말락
나를 두고 온 마음 곳곳에서
나는 눈물로 기억으로
얼룩진 환멸로 새고 있다

새면서
결코 단숨에 잠글 수 없다는 것을,
눈감고 잠든 사이에도
담금질한 꿈의 呪術로도
그것은 잠글 수 없다

마지막 단 한 번의 손길이
내 尿失禁의 목숨을
잠글 수 있을까, 죽음이

내 몸을 잠그는 순간, 영혼은
반대로 더 세차게
저 깊은 곳으로
틀어져 별처럼 쏟아지리라

다시, 봄날은 간다

해장국집 찾으러 가는 사내의
늦은 토요일 아침,
차가운 봄비를 만난다

거리의 담벼락과 전봇대마다
심령대부흥회 포스터가 불온전단처럼 나붙고
문득 罪지은 일들
한꺼번에 꽃무더기로 피어나는
오늘은 近東의 벚꽃축제 마지막 날,
난 말 없이 비 맞아 가는
유순한 짐승 한 마리!

내 이름을 다시 지어다오, 이제금
내 사랑의 거푸집을 다시 짜고 싶은 해장국집
창가 식당에 앉아 이마에 돋는 땀을
이 빠진 투가리에 떨구며
前生의 짐승, 내 뼈마디 같은
돼지뼈를 핥아먹으며 꽃을 잊었다
아조아조 숨막히게 술땀을 쏟으며
이 봄이

빗속에 한 채 꽃상여로 떠나는 창밖을 본다

꽃을 팔아 한 몸의 生이
시작하는 어린 창녀의 손을 잡고
변두리 샛강둑 버드나무 밑에서
누이야, 세상엔 바람이 분다
말해주고 싶었다

누이야, 꿈 없이도 다시 봄날은 간다

해설
구토와 광기의 언어

홍용희

> 누군가 아직도 식물의 맘으로
> 동물의 상처를 앓고 있다.
> ―「정신 병원으로부터 온 편지」 중에서

1. 구토의 꽃

 유종인의 시세계는 삶과 죽음, 이성과 광기, 현실과 환각, 과거와 현재의 시간성이 뫼비우스의 띠처럼 연결되어 공존 혹은 혼재한다. 그래서 그의 시세계에는 삶의 자리에 죽음의 그림자가 배회하고, 현실 속에 환상이 넘쳐흐르고, 이성의 화술에 광기의 음성이 배어나온다. 그의 시적 언술은 서로 이질적인 세계가 교차하고 배접하는 틈새 혹은 균열의 자리에서 뿜어져 나온다. 자크 라캉의 화법을 빌리면

일방적인 주관성에 갇힌 상상계와 상호 주관성의 사회성을 획득한 상징계의 질서가 서로 엇섞이어 혼재한다. 그래서 시세계의 도처에 생경한 자기 고착과 강박의 어감과 전율이 스며나온다. 시집 전반이 오이디푸스 콤플렉스의 통과제의를 거쳐 상징계로 진입했으나 이를 거부하고 상상적 세계로 회귀하려는 신경증의 징후를 앓고 있다. 그렇다면 그의 신경증의 병인과 현상은 구체적으로 어떤 것일까? 이러한 질문은 그의 독특한 시 창작의 방법적 원리와도 직접 관련된다는 점에서 중요한 의미를 지닌다. 이러한 문제 제기 앞에 "잇몸이 다 들떠 있는" 조롱박의 속내가 전면에 부각된다.

> 새끼 조롱박에 귀를 댄다
> 푸르게 문 두드리는 소리가 났다
> 갈수록, 문 두드리는 소리가
> 울먹울먹하게 들렸다 그
> 소리 때문에 조롱박은
> 제 몸을 자꾸 밖으로 넓혀갔다
> 안에서 나는 소리를
> 밖에서 듣지 못하도록 조롱박은
> 허리를 졸라가며 몸을
> 밖으로 밀어냈다. 그 새끼 조롱박
> 어느 날, 더 이상 몸 불릴 수 없는
> 다 큰 조롱박이 됐지만……
>
> 가슴에 둔 귀는 어쩔 수 없다

침묵은 커져만 갔다

　　쪼개면 하얗게 타버린 소리들,
　　쭉정이로 마른 속씨들
　　잇몸이 다 들떠 있었다　　　　　——「조롱박」 전문

　"새끼 조롱박"이 "큰 조롱박"이 된 것은 "울먹울먹하"는 소리의 부력에서 기인한다. 조롱박의 심연에서부터 솟아오른 소리의 파동이 표층을 두드린다. 조롱박은 그 소리를 "밖에서 듣지 못하도록" 허리를 졸라가며 몸을 밀어낸다. "어느 날, 더 이상 몸 불릴 수 없는/다 큰 조롱박이 됐"을 때, 울먹울먹하는 소리는 들리지 않게 된다. 그러나 이것이 조롱박의 내면의 소리의 파동이 소멸되었음을 가리키는 것은 아니다. 그 소리는 없음이 아니라 있음의 없음, 즉 "침묵"의 크기를 키우고 있었다. 다 큰 조롱박을 쪼개었을 때 드러난 모습이 이를 고스란히 증거해준다. "쪼개면 하얗게 타버린 소리들,/쭉정이로 마른 속씨들/잇몸이 다 들떠 있었다." 조롱박의 내면은 "하얗게 타"서 앙상하게 "마른 속씨들"과 들떠버린 "잇몸"으로 변해 있다. 내부의 소리들이 조롱박의 외피에 감금되면서 살아 있는 육체를 태우는 화기(火氣)로 전환되었던 것이다. 조롱박은 남모르는 고통의 신열을 온몸으로 앓고 있었다.

　심연에서부터 퍼져나오는 "울먹울먹"한 소리의 파문, 이것이 시적 주체가 신열을 앓게 하는 병인이며 시 창작의 내적 동인으로 파악된다. 그의 시세계에 이명 같은 청각적 울림이 빈번하게 등장하는 배경도 여기에서 기인한다.

> 귀를 막고 들어야 하는 소리가 있다
> 귀를 막아도 들리는 소리가 있다 ——「보청기」 부분

> 굵은 뿌리 같은 葉脈들이 잎사귀의 신경이 되어
> 세상을 들었다는 걸, 듣다 져간다는 걸
> ——「부려먹을 뱀이 없다 1」 부분

 이명에 시달리는 자에게는 온몸이 청각기관이다. 그래서 소리가 "귀를 막아도 들"린다. "울먹울먹"한 소리의 파장이 그의 몸의 심연에서부터 통증처럼 울려퍼져 오른다. 즉, 화자의 몸이 곧 "쪼개면 하얗게 타버린 소리들"로 들끓는 "조롱박"에 해당한다. 따라서 유종인의 시적 언술은 조롱박의 내부에 적재되어 있는 뜨거운 소리의 열도가 어느 순간 외부로 분출할 때, 그래서 안이 밖이 되고 밖이 안이 될 때의 형상에 해당하는 것으로 보인다. 이를 시각화하면 옥수수가 열의 증폭에 의해 "팝콘"이 되는 것에 비견된다.

> 단단한 씨앗들
> 뜨거움을 벗어버리려고
> 속을 밖으로
> 뒤집어쓰고 있다

> 내 마음 진창이라 캄캄했을 때
> 창문 깨고 투신하듯
> 내 맘을 네 속으로 까뒤집어 보인 때

꽃이다

뜨거움을 감출 수 없는 곳에서
나는 속을 뒤집었다. 밖이
안으로 들어왔다, 안은
밖으로 쏟아져나왔다 꽃은
견딜 수 없는 嘔吐다 ——「팝콘」부분

제목인 '팝콘'이 시의 내부에서는 "꽃"으로 지칭되고 있다. 물론 꽃의 빛깔과 감각은 그 종류에 따라 서로 다르겠지만, 먼저 붉고 환한 불의 이미지를 환기시킨다는 점에서는 공통적이다. 한편, 팝콘은 옥수수 열매의 외부에 불을 가열하여 내부에 적재되어 있던 화기를 증폭시켜 파생시킨 불의 산물이다. 따라서 여기에서 "팝콘"과 "뜨거움"의 내부가 "감출 수 없는 곳에서" 밖으로 산출되어, 안이 밖이 되면서 형성된 "꽃"은 서로 불을 모태로 하고 있다는 점에서 공통된다.

유종인의 시적 언술은 이와 같은 팝콘, 혹은 꽃으로 표상되는 불의 산물과 동일성을 지닌다. "내 마음 진창이라 캄캄했을 때/창문 깨고 투신하듯/내 맘을 네 속으로 까뒤집어 보인 때/꽃이다." 화기가 외화되기 이전, 즉 마음속에 내장되어 있을 때의 양상은 마치 검은 석유의 덩어리 같은 "진창"과 캄캄한 혼돈의 모습을 띤다. 다시 말해, "내 마음" 속의 "진창이라 캄캄"한 상황에는 뜨거운 화기가 적재되어 있는 것이다.

여기에 이르면, 우리는 유종인의 독특한 시적 양상과 창작 방법론이 내적 뜨거움의 분출, 혹은 "견딜 수 없는 嘔吐"에 의한 "팝콘"의 형성 원리에 상응하는 것으로 정리해 볼 수 있다.

2. 불순한 불과 바람의 활성

유종인의 시세계에는 불과 바람의 이미지가 중심 계열체를 이룬다. 불은 앞에서 살펴본 것처럼 "창문 깨고 투신하듯"(「팝콘」) 안을 밖으로 분출시키는 내적 동력이고, 바람은 불을 불러오고 촉발시키는 외적 요인이다. 불은 바람으로 인해 더욱 뜨거운 화염을 토하고, 바람은 불로 인해 더욱 활기를 띤다. 불과 바람은 서로 삼투되어 동물적 야수성을 증폭시키면서 현실 원칙의 질서를 쉽게 허물고 파탄시킨다. 그럼, 그의 시세계에서 불과 바람의 실재와 연원은 무엇일까? 유종인의 시세계에서 불의 이미지는 어디에서도 따스하고 온화한 미감을 지니지 않는다. 그의 시에서 일렁이는 불은 항상 깊은 원망·애증·가학 등의 속성을 띤다.

> 가고 없는 불, 가고 없는 불!
> 전 恒溫의 꿈을 버렸어요 어머니 전 변온동물이에요
> 당신 불자궁에서 누이가 미쳐 뺏어간 계절 때문에
> 전 햇빛 속에서도 그늘로 떠돌아요 어머니 간데없고
> 누이가 유서로 쓴 일기책을 내게 던져줘요
> 미안해, 끝없는 이승 곁불이야! 누이가 당신 무덤에

아궁이를 팔지 몰라요 어서어서 썩어 땅속에도 보이지 마세요
이제 기억의 머리카락 꽁꽁 숨기세요 정말 미치겠어요
아무렇지 않게 미친 것 같은 누이, 정말 미치겠어요 오랜만에
누이의 웃음에도 불기운이 감돌고 있어요 늙은 겨울이 와요
   ―「狂人日記 5」부분

누이는 "미친 것 같"고 그러한 누이를 바라보는 화자 역시 "정말 미"쳐가고 있다. 그래서 화자의 화법이 의식적 질서의 균정을 상실하고 있다. 산만하고 난삽하게 나열된 언사들을 다시 간추려 조합해보면, 누이의 입에서 감도는 "불"의 연원지는 어머니로 읽힌다. "가고 없는 불, 가고 없는 불!"과 "당신 불자궁"에서 '가다'의 주체와 "당신"은 어머니를 가리키기 때문이다. 누이는 어머니에 대한 과도한 집착과 독점욕을 보인다. 누이의 어머니에 대한 집착은 어머니의 무덤까지도 파고들 기세이다. 이러한 정황은 아직 누이가 어머니로부터 분리되어 독자적 존재성을 획득하지 못한 이자적 관계, 즉 일방적인 주관성에 갇힌 상상적 단계에 머무르고 있는 것으로 보인다. 어머니를 욕망하고 동일시하지만 그러나 어머니는 부재한다. 어머니의 부재는 누이의 어머니에 대한 집착을 더욱 증폭시킨다. 그래서 화자는 어머니에게 "어서어서 썩어 땅속에도 보이지" 말라고 한다. 누이는 허구적 이미지에 사로잡혀 타자 의식을 자각하지 못하는 고착 상태에 빠져 있는 것이다.

이렇게 보면, 누이의 광기는 일단 어머니와의 비분리 현상과 모성 결핍에서 비롯되는 것으로 유추된다. 그러나 이것을 성급하게 여자 아이가 어머니와의 이자적인 유착 관

계에서 벗어나지 못한 결과 나타나는 정신 신경증의 히스테리성 증상으로 진단하고 넘어가는 것은 지나친 단순화의 오류로 빠지기 쉽다. 누이가 오이디푸스 콤플렉스의 드라마를 통과하지 못한 결과, 자신의 성을 완전히 인정하여 감수하지 않고 어머니와의 이자적인 관계를 고집하는 것으로 파악해서는 죽은 어머니로 표상되는 "불"의 속성을 좀 더 입체적으로 해명해내기 어렵기 때문이다.

그래서 어머니의 실재에 대해 좀더 자세하게 천착해 들어갈 필요가 있다.

> 그 잠꼬대 속에 젊었던 여자, 어머니를
> 나 아이처럼 기다리기도 했네
> 무덤이 뚜껑을 가진 열매라고 여겼듯이
>
> 지금, 아이가 잠 깰 동안만 그대는 머물러줘요!
> 꿈 밖으로 내민 손 잡아줘
> 그대가 눈뜨고 여기 또 다른 생을
> 눈감아줘요 ——「잠꼬대」부분

꿈속의 어머니는 젊고 화자는 어린아이이다. 어머니는 화자가 어린아이였던 시기의 젊은 나이에 죽었다. 그러나 "어머니를/나 아이처럼 기다리기도" 한다. 물론 어머니는 결코 돌아오지 않는다. 어머니가 "꿈 밖으로 내민 손"을 잡아주는 법은 없다. 그러나 화자는 어머니가 자신이 "내민 손"을 "잡아"주길 고대한다. 화자는 어머니의 죽음을 아직도 수용하지 못하고 있다. 어머니에 대한 화자의 강한 열

망은 수시로 죽은 어머니를 불러내기도 한다. 어머니의 출몰은 꿈과 환상계에서 뿐만이 아니라 가끔은 현실계에서도 일어난다. 그래서 화자는 태연하게 다음과 같이 진술하기도 한다.

> 무덤에서 아직 돌아오지 않으신 어머니, 풀벌레들이
> 아직 집 뒤껼 풀숲에서 울고 있습니다 악령 같은 아들은
> 당신을 살살 들볶고 싶습니다
> ——「부려먹을 뱀이 없다 2」 부분

화자는 어머니가 무덤에서 돌아올 것을 믿고 있다. 그리고 그는 그 어머니를 "살살 들볶고 싶"어한다. 이러한 그의 어머니에 대한 가학 충동은 어디에서 비롯되는 것일까? 그것은 아마도 어머니의 죽음의 곡절과 연관되어 있는 것으로 유추된다. 화자의 어머니의 죽음에 얽힌 모종의 죄의식이 어머니의 죽음을 수용하지 못하는 내적 계기이면서 또한 어머니에 대한 가학 충동을 낳는 배경으로 작용할 것이다. 다시 말해, 화자가 어머니의 죽음과 관련된 자신의 어떤 행위를 스스로 용납하지 못하는 절박한 상황이 어머니의 죽음을 승인할 수 없게 하면서 동시에 자기 정당화를 위한 어머니에 대한 가학 충동을 유발시키는 것으로 해석해 볼 수 있다. 이 점은 누이의 경우 더욱 직접적으로 적용된다. 어머니의 '머리채'를 잡아 흔들고, "무덤 풀조차 쥐어뜯는"(「광인일기 1」) 누이의 어머니에 대한 가학은 화자보다 더욱 강렬하고 적극적이기 때문이다.

여기에 이르면, 누이의 병상 일지에 해당하는 「광인일

기」에서 표상되는 '불'은 누이를 통해 현신하는 어머니의 실재로 해석된다. 누이의 의식의 한켠에는 어머니가 침투해 들어와 살고 있는 것이다. 다시 말해, 어머니의 죽음을 승인하지 못하는 누이가 스스로 어머니의 삶의 일부를 살고 있는 형국이다. 누이의 몸 속에 잠복해 있는 어머니의 화신으로서의 "불"은 "바람"이 살짝 스쳐가기만 해도 "천년을 망할 기세로" 활화산처럼 솟아오른다.

> 망할 년은 오래 산다 망할 계집은 더 이상 망쳐놓을 사내가 없어 내 등에 업혀 마른 울음을 떡처럼 돌린다 異腹 누이는 살가운 불행처럼 스쳐간다 바람이 살짝 망할 년을 건드리면 망할 년이 천년을 망할 기세로 하느님을 들었다 놨다 達磨의 불알을 주물럭거렸다 아이구 불알 썩는 내! 어머니 무덤 속에서 한 번 더 머리가 둥글게 빠진다 ——「광인일기 6」 부분

누이는 외부 세계의 상징적 질서 체계를 위반하고 탈주하는 불온한 광기로 무장되어 있다. 그래서 외적 충격과 자극이 조금만 가해져도 눈앞에서는 가공할 사태가 벌어진다. "바람이 살짝 망할 년을 건드리면 망할 년"은 외부 세계의 질서를 망하게 하는 행위를 거침없이 자행한다. "하느님을 들었다 놨다" 하고 "達磨의 불알"을 주물럭거리는 행위란 이성적 질서에 대한 죽음의 힘의 전복, 유린, 능멸 등으로 해석된다. 그리고 이러한 격렬한 누이의 광기는 무덤 속의 "어머니"의 "머리가 둥글게 빠"지는 과정이기도 하다. 누이의 열광은 죽은 어머니의 소행이기도 한 것이다.

3. 봉인된 병동 공간

"불"과 "바람"이 서로 엇섞이면서 유종인의 시세계는 음산하고 괴기스런 어둠과 야만의 전율로 굽이친다.「광인일기」 연작을 비롯한 대부분의 시편들마다 어둠과 발작과 환청이 혼란스럽게 착종되고 들끓는다. "어머니"로 표상되는 죽음의 질서가 삶의 질서를 압도하고 있다. 그의 시세계 전반이 하나의 정신 병동 공간을 연상시킨다. 서로 정도의 차이가 있을 뿐 시적 화자나 누이나 정신 질환의 고통에 시달리는 점은 동일하다.

> 가상이 내 몸에 알을 스는 밤, 이다
> 먼 기억엔 따뜻한 정신 병원에 쓸쓸함으로 갇혔던
> 누이가 있다. 그때 그녀는 정신 분열증이었으나
> 나는 정신 미분열증으로 고생하던 청춘, 이었다
> 그래서 지금 생각, 한다 모든
> 病名이 있는 입원은 행복하다 갇혀서
> 따뜻할 수 있는 자들의 夢幻이
> 구름처럼 떠다니다 낮잠에 빠지는 사람들 속에
> 어린 꽃잎 같은 소녀가 남몰래 내 몸에 편지를 숨겼다
> 문득 내 몸은 붉은 우체통이 되었다, 집에
> 전화 연락 한번 해달라 부탁한 그 쪽지엔
> 탈출보다 극심한 폐쇄의 속살이 얼비쳤다
>
> 오래 가지 않을 것이다

여기는 온갖 것들의 세상, 그곳으로부터
아무런 편지 없을 때, 나는
오지랖 좁은 詩들을 쓰며 그대 병동의 밤을
가끔 떠올린다. 이곳은 아직 수용되지 않았을 뿐
증세를 다 호명할 수 없어 그냥 놔둔 露天병원!
——「정신 병원으로부터 온 편지」부분

 누이가 수용되어 있는 곳만이 아니라 화자가 거주하는 바깥 세상도 역시 정신 병동이다. 다만 누이의 증세는 "정신 분열증"으로 뚜렷하게 지칭될 수 있으나 화자의 경우는 "증세를 다 호명할 수 없"어 "露天병원"에 방치되었을 따름이다. "가상이 내 몸에 알을" 슬어, 내 몸을 지배해나가면서 현실과 환상, 이성과 광기, 현재와 과거의 경계가 뭉개진 혼돈의 지대에 노출되기는 누이와 화자가 동일하다. 화자와 누이의 관계는 이를테면, "나도 큰 뱀이 되겠다는 것이다/마음에 기생충 가득한 미친 누이를 위해/온몸에 비늘이 돋고 팔다리 사라져버리면/누이를 꽁꽁 똬리 틀어 말려 죽이겠다는 것이다"(「광인일기 1」)라고 절규하는, 화자가 누이의 광기를 지켜보면서 또한 스스로 퇴행의 극단으로 치달아가는 이중적 고통을 앓는 형국이다. 그래서 화자는 "病名이 있는 입원은 행복하다"고 말하기도 한다. 화자는 또 다시 "露天병원"에서 "오지랖 좁은 詩들을 쓰며 그대 병동의 밤을/가끔 떠올"린다. 그의 "詩들"은 또 다시 불과 바람의 야수성이 일렁거리는 광기의 토사물이 된다.
 이와 같은 환멸스런 정신 병동 공간을 벗어날 수 있는 방법은 없을까? 이제, 화자에게 이러한 문제는 절박한 과

제로 떠오른다.

    무덤 풀 위에 벌레 알처럼 맺힌 새벽 이슬,
    누군가 그 눈알을 밟고
    저 가장 어둡게 빛나던 별에게
    올라간 적이 있을까

    사다리 발판 몇 개가 부러진 이곳,
    죽을 때까지
    한 번 타고 오르지 못한 채
    어제는 부러지고 오늘은 뺀 채
    썩어가는 시간의 나무 사다리에
    角木 붕대를 잇대주고 있네요
                  —「사다리가 있는 풍경」 부분

    어머니 이젠 돌아갈 곳이 죽음밖에 없습니다
    죽음도 이젠 쓸쓸해서 더 이상 귀 기울여지지 않습니다
    묻어도 묻어도 자꾸 살아 돌아와
    내가 누구냐고 묻습니다 무슨 말로 된 삽과 기억의 흙을 퍼
    다시 날 묻어야 할까요 어머니!
                  —「부려먹을 뺨이 없다 1」 부분

  어둠이 삶의 질서를 유린하는 파행의 공간에서 벗어나기 위해 화자는 "사다리"를 타고 하늘로 오르고자 한다. 하늘은 지상의 혼돈으로부터 자유로운 열린 공간이기 때문이다. 그러나 수직적 상승을 표상하는 "사다리"는 이미 "角

木 붕대를" 잇댄 불구가 되어 있다. "어제는 부러지고 오늘은 삔 채" "썩어가"고 있다. 수직적 탈출이 불가능할 때 또 다른 가능한 방법론은 무엇일까? 그것은 통상적으로 현실계로부터 완전히 유리된 죽음을 상정해볼 수 있다. 그러나 죽음의 방법도 출구가 되지 못한다. "묻어도 묻어도 자꾸 살아 돌아"오기 때문이다. "죽음으로도 감옥은 버릴 수 없다"(「광인일기 2」) 광기의 그림자가 이미 죽음의 영토까지 점령하고 있다.

그렇다면, 화자는 봉인된 병동 공간에 언제까지 감금되어 지낼 수밖에 없는가. 이 황막한 현실 앞에 '배설'의 언어가 화두처럼 등장한다.

4. 배설과 해소

시집 『아껴 먹는 슬픔』의 전반을 압도하는 광기의 주술이 어느 정도 비껴 선 자리에 "배설"을 중심 소재로 한 몇 편의 시가 씌어지고 있다. 「아껴 먹는 슬픔」 「大便佛」 「옹이」 등의 작품은 비교적 또렷한 상징계의 목소리를 유지한다. "마음에 기생충 가득한"(「광인일기 1」) 증세를 해소하는 방법론에 '배설'이 있었던 것이다.

내 영혼의 내장에 가스가 찼는지 밤새 뒤척이다 겨우 서너 시간 자는 둥 마는 둥 한여름 새벽, 나는 뭐였더라? 어느 꿈의 亂塵을 헤매다 돌아온 어처구니의 똥줄이란 것인지, 그래도 속은 계속 끓고 안 좋아 내가 왕성히 소화해야 할 독 오른 풀빛 창밖

의 매미 소리가
  뜰 한구석 달개비밭 청보랏빛 꽃눈에 가득 넘친다.
  그 넘치는 걸 다 보지 못한 채 급히 화장실 안으로
들어간다. 이내 세상을 수렴하듯 아랫도리를 까고 나만의 肛
門을 열면
  굵지 않은 밤새의 기억들이 진짜 똥으로
  밑으로 느리고 힘없는 끊어질 듯 밧줄을 타고 내려와
  어설픈 跏趺坐! 무간지옥 같은 내 속을 공사하다
  내려온 작고 누런 부처가 얼굴을 땀으로 지워버린 채
  그저 내 냄새만으로 한세상 썩어나갈 쿠린 經典을 소올솔 피
워올린다   ——「大便佛」전문

"밤새의 기억들", 그 "무간지옥 같은" "꿈의 亂塵"이 "진짜 똥으로" 배설되고 있다. "꿈의 亂塵"이란 지금까지 살펴본 누이의 발작과 뱀의 출몰, 불과 바람의 야수적 분출, 죽음의 그림자들의 배회 등등으로 묘사되는 음산하고 기괴한 광기의 공간에 다름 아닐 것이다. 똥과 "무간지옥" 같은 삶은 서로 절묘한 시적 유사성을 지닌다. "어처구니의 똥줄"을 타고 "내 영혼의 내장에" 찼던 캄캄한 "진창"(「팝콘」)들이 유쾌하게 빠져나오고 있다. "울먹울먹하"는 심연의 소리가 발화되지 못한 채 "하얗게 타버린" 마른 쑥정이(「조롱박」)로 고착화되지 않고, "나만의 肛門"을 통해 땀에 젖은 "누런 부처"의 형상으로 승화되고 있다. 그래서 시상의 흐름과 언술이 비교적 상쾌하고 산뜻하다.

여기에 이르면 나는 약간의 여유를 가지고 유종인의 시세계에 대한 새로운 병상 일지를 쓸 수 있게 된다. "무간지

옥" 같은 "꿈의 亂塵"이 배설되어 "한세상 썩어" 사라진다면 시적 화자의 숨막히는 구토와 광기의 역사는 마감될 수 있지 않을까? 쿠린 똥을 "經典"으로 미적 거리를 두고 객체화하는 화자의 시선은 이미 스스로 "무간지옥"에서 벗어나고 있음을 보여주는 것은 아닐까? 그러나 이러한 질문에 대해서는 그의 다음 시집이 대답해줄 것이다.

  그는 이번 첫 시집에서 "식물의 맘으로/동물의 상처를"(「정신 병원으로부터 온 편지」) 앓고 있는 광인일기를 공개하고 있는 셈이다. 즉 그의 이번 시집의 창작 원리에 해당하는 "울먹울먹"(「조롱박」)하게 퍼져오는 소리의 부력과 "견딜 수 없는 嘔吐"(「팝콘」)를 낳는 내면의 화기란 바로 죽은 어머니를 매질로 하는 "동물의 상처"에서 비롯된 것으로 요약된다. 그의 시편은 "동물의 상처"에 의해 빈번하게 의식적 질서와 문법이 교란되고 와해되는 통제 불능의 현상이 나타났던 것이다. 그가 스스로 자신의 "동물의 상처"로부터 빠져나올 때, 그 카오스적 혼돈과 광기의 야수성도 깊고 두터운 시적 지층의 자양분으로 치환될 수 있을 것이다. "불"과 "바람"의 무간지옥이 "한세상 썩"은 후 구토의 기도를 따라 분출되었을 때, 그리하여 안이 밖이 된 "팝콘"(「팝콘」)에 비견될 그 시편들이 부디 안정되고 평화롭기를 기원한다.